AF275570

EL VACÍO QUE SE QUEDA

Andrea Alvarado

Colección ites

EL VACÍO QUE SE QUEDA

© Andrea Alvarado
© de esta edición: Olé Libros, 2025

ISBN: 979-13-87620-08-0
Depósito legal: V-865-2025
Impreso en España

KALOSINI, S. L.
Grupo editorial olélibros
equipo@olelibros.com
www.olelibros.com

EL VACÍO
QUE SE QUEDA

—*Si puedes ver una cosa completa —dijo—,*
siempre te parece hermosa.
Los planetas, las vidas... Pero de cerca, un mundo es tierra y piedras.
Y día a día, la vida es un trabajo duro, te cansas, te pierdes.
Necesitas distancia, intervalo. Para ver qué hermosa es la vida,
hay que contemplarla desde la altura de la muerte.

ÚRSULA K. LE GUIN, *LOS DESPOSEÍDOS.*

El yo

El otro frente al yo
y el tú frente al amor.
Aboga por la llama eterna
y reza por algo que ya no es finito.

Sangra, llora
y admite el perfecto error
que ya cesó de ser ejemplar
para una ruinosa y desesperada sociedad
que se cansó de fingir.

Escucho cómo brota la sangre.
Fluidos en la oscuridad.

Cuanto sé de mí
florece gota a gota,
la muerte en la vacuidad.

¿DÓNDE?

¿Dónde está esa flor en el acantilado
de la que tanto presumías?
¿Dónde está ese cielo
que tanto nombrabas?
¿Dónde estás
ahora que te marchaste?
¿Dónde estoy
ahora que me perdí?
Dime,
¿dónde?

La telaraña sobre el tejado

La telaraña sobre el tejado.
Mírame a los ojos,
yo siempre digo la verdad.
Te avisé
y ahora esperas.

Se mueve la abeja en el balcón,
buscando a las suyas,
las compañeras.

Árboles en perspectiva,
un susurro veraniego fruto del Lambrusco.

Avísame cuando llegues,
te esperaré toda la noche.

Refresca.

Una hormiga se sube por mi pierna,
me hace cosquillas.

Crisis a nuestra espalda
y una infancia agridulce.

No te buscaba.
Pinchas como una rosa.

Veo cosas que tú no,
aguardo vidas que no existen.

Fantasmas sobre mi tejado.
Una vida que espera.
Y tú no.

LAS CUEVAS DE LA VERDAD

Las cuevas de la verdad.
Lágrimas embotelladas.
Amerita riesgos.
Busca lágrimas
entre el ayer y el hoy.
Acuérdate del mañana
y nunca te equivocarás.

Gotea y gotea.
No puedo con ese sonido,
me voy a arrancar los oídos.
Cálmame con una o dos pastillas,
acuna mis miedos y besa mis heridas.

Ya no sangro,
pero se quedaron los regueros
como se quedan los qué dirán.
En agosto ya no hay descanso,
solo calor.

Redundancia.
Se siente mal,
pero aprietas.
Y yo me mareo
y me dan arcadas
con tu sola existencia junto a la mía
en un mismo plano.

No es justo.
Nadie me preguntó.

¿Qué lugar debo ocupar?

Soy reemplazable.

Me mienten.

Me usan.

Soy feliz con sus mentiras.

Huyo.

Cambio

Y vuelvo.

Siempre vuelvo.

DIME

Dime,
cuando apenas eras un garbancito,
¿te esperabas una vida así?

¿Qué es lo que queda cuando no queda nada?

¿Con qué soñabas
cuando lo único que se esperaba de ti
es que soñaras?

¿Esperabas que el mundo de los adultos fuera así?

¿Qué veías cuando te mirabas en el espejo?

¿Es tu horizonte el mismo que veo yo
cuando miro por la ventana de nuestra habitación?

¿Ya te fallaron los amigos?
¿Ya te lo comentó mamá?

Quiero que vayas a lo alto de las eras,
fijes tu mirada en la silueta de la sierra
y me digas qué ves.

Soñar no es malo,
que nadie te diga lo contrario.
A veces viene bien quedarse en las nubes,
son muy cómodas.
El mundo de aquí abajo no me gusta,
¿me dejas quedarme contigo?

A veces echo de menos al papá de antes.
Otras me arrepiento de haberle dado mi corazón.

No huyas,
que entonces tendré que hacerlo yo.
No te preocupes,
las cosas mejorarán
aunque se quede la sombra.

¿Cuánto te pesa el vacío?
Porque yo le hice un hueco en mi vida,
voy encorvada por su culpa.
¿A cuánto vendes tu soledad?
Deja la necesidad a un lado,
fija la vista en lo que tienes delante.
¿Aún sientes cálidos los días de verano?

He visto a papá llorar.
¿Cuándo fue la última vez que te dijo que te quería?
¿Y mamá?
Yo ya no me acuerdo,
a lo mejor no lo hicieron.
¿Ya dejaron de abrazarte?

Los pasos a veces pueden ser temblorosos,
es cosa del camino que nos tocó vivir.

Todavía miro las estrellas cuando no me las tapan.
A veces quiero sustituir mis lunares por ellas,
guardarlas en mi piel para que nadie me las pueda quitar.
¿Y tú sigues queriendo guardarte la luna en el bolsillo?

Aún brilla,
más que el sol.
No quema.
No hace promesas que no puede cumplir.

No desistas, te dejaré un bonito recuerdo
para que el mañana no sea tan tortuoso.
Te lo prometo.
Te prometo que habrá un mañana
donde el pecho no te oprima tanto,
donde habrá gente a la que querrás abrazar.
Solo espero que tú también me escribas
diciéndome que mañana te duele menos.

Esta sensación de soledad,
¿hasta cuándo se supone que debe durar?

RECURRENTE

Sueño que caigo al vacío
sobre un profundo y sucio mar.
al fondo una ciudad y sus luces
hacen que me pregunte
si me he perdido.
atisbo una casa en la oscuridad
es la mía.
se encuentra justo en el medio.
¿por qué han apagado las luces?
ah, ya lo recuerdo,
digo mientras sigo cayendo.

¿un sueño?
sube la marea.
las olas golpean
mi pequeña barca.

sube la marea,
pero los demás no se mueven.
¿qué hacen?
¡se van a ahogar!
grito con todas mis fuerzas
por si no se hubieran enterado.

no me oyen,
siguen con su diálogo,
no conversan conmigo.

el agua me llega por los tobillos.

ellos cambian de tema.

grito.
pataleo.

¿será verdad que no me oyen?
ah, es inútil.
me doy cuenta ahora.
ellos están en sus barcas,
pero el agua ni les roza.
solo me ahoga a mí.
ah, ya lo entiendo, sí.
ya...
ya lo entiendo...

Finales de mayo

Y aquí estoy otra vez.
Sentada,
viendo cómo se mueven las manecillas.

El sol se está poniendo,
la cama sin hacer.

Mañana empieza julio.

Tengo húmedas las mejillas.
Papá no ha llamado.
He hecho un hueco en el sofá.

Me duele la cabeza
y la sangre no se seca.

Se me acabó la comida
hace días.
Olvidé regar las plantas.
El gato maúlla.
Y la vecina llama a la puerta.

Apenas lo oigo.

¿Tengo gato?
Se oyen sirenas.
¿Vienen a por mí?

A veces estoy,
y otras no.

Aunque debería estar,
pero no aquí,
en un lugar mejor.

La vecina no llama.
No tengo plantas,
siempre se mueren.
El gato tiene suficiente comida.
Maúlla.

RECURRENTE

Un viento fuerte
me arrastró hasta aquí.
Desnuda, sin identificación
y totalmente vacía.
El oleaje choca
contra aquella piedra
que se golpeó al llegar.

He olvidado mucho,
así lo quise.
He perdido otro tanto,
eso ya no.

¿Cómo esperar buenas nuevas
si nunca antes las recibí?
¿Cómo pensar que todo va a ir bien
si no sé ni lo que es eso del bien?

Todas las probabilidades en contra
y aun así sigo echando a suertes
en este precario juego.

Ya te llamaremos

Una mañana incierta
sobre el contaminado
ocaso de Madrid.

Mi ilusión puesta
y desmedida
enfrente de ese edificio
que da esquina con tu café favorito.

Me siento en el Retiro,
para respirar aire fresco.
Se acerca un barrendero
y una excursión de preescolares.
Me cambio de sitio.

Alguien toca la guitarra.
Me despido de las flores secas
y me vuelvo a casa,
currículo en mano.

Otro día será,
me digo.
Otro día será,
pero no en un edificio tan bonito.
Otro día será.
Ya me sé el ritual.

JUEVES 15 A LAS 14:30

Me esperas frente al restaurante
que ayer acordamos.
Pero yo no llegaré:
me encuentro lejos ya,
estoy en otro lugar.
Aunque quizá regrese:
la dosis no era tan alta.

ALGUIEN MÁS

Perdóname,
no lo pude evitar.
Te prometí
que no lo haría más,
pero me mueve
una extraña fuerza.
No siento control
sobre mi propio cuerpo.
A veces me siento ver desde fuera.
Veo a alguien manipular mis engranajes.
Lo lamento,
en seguida lo limpio.
Perdón,
ahora voy a por gasas.
Estoy segura
de que te pondrás bien.

El sueño

De ilusiones y esperanzas no se vive,
me dices cada vez que te cuento mis sueños.
Rompes mis planes a diario y yo,
enamorada, vuelvo a ti cada vez.

Vives en un mundo muy diferente al mío,
me digo cada noche.
Pero me quieres
como si te tuviera aquí conmigo:
pegado,
cercano,
arrimado a mi pequeño corazón
que no quiere más que volar
tras estas nubes que aparecieron
el día que llegaste,
el día que nos conocimos.

Y busco en mis recuerdos alguna conversación
en la que yo no acabe llorando.
Y no lo consigo.
¿Algún día alzaré el vuelo?
Siento unas raíces en mis pies
que no recuerdo haberme puesto.
¿Será esto mi hogar?
Miro a las estrellas,
pero no me responden,
permanecen en silencio,
titilantes.

Suceden muchas cosas
en el mundo de los sueños.
Mueren ilusiones en el mundo de la fantasía.
Lloran las hadas al pensarte aquí,
sentada sobre la piedra de la derrota,
sola,
perdida.

Que me preparen un baño caliente
con sales aromáticas,
que me quiero hundir en las profundidades
de la inconsciencia.

Ocho de marzo

Una
Dos
Y
Tres
Mis manos tiemblan
Ante la posibilidad de fallar.
Cuatro
Cinco
Y
Seis
Me empieza a doler el estómago.
Siete
Ocho
Mi cuerpo lo rechaza
Nueve
Mi vista se nubla
Oigo de lejos los sonidos de la calle
Diez
No hay nadie en casa

Rutina

Amaneció sobre tu ventana.

Sueños de un pasado que no fue.

Son las cinco de la mañana
y ya estás preparando café.

Sueños de un futuro que no será.

Se oyen las primeras gotas caer
sobre la angustiada ciudad.

Sueños de un presente que no es.

HOY, MAÑANA Y SIEMPRE

La luna de tus mañanas
reposa sobre mi cabeza
y atraviesa el suero
de nuestros días.
Glorificado,
casi al final de su vida.
Excitado de vanidad
y entre aplausos pagados,
camina por la vida
sin saber dónde va.
Un mensajero divino le avisa
de su próximo compromiso.
Deberías pagarle más,
le dice el Padre.
No tengo más,
le dice el Hijo.
Creo que puedes darle más,
replica el Espíritu Santo.
No hay más.
Es la verdad.
Se le acabó el mundo
en cinco días,
y perdió lo demás
en el último.

Sin salida

El camino del poeta,
la mirada vacía
del que se cree poesía
en un mundo ya olvidado.

La boca llena de versos
sobre aquella ambigüedad
de un pasado sin oscuridad.
La perfecta felicidad
de quien el hoy bien ignora.

No hay sentido

No hay sentido
No.
La vida se rige
por injustas casualidades.
Creemos controlar
cuando las decisiones
no son sino puro azar.
Morimos pensando
que no dejamos huella,
que nos perderemos,
sin más,
en el oscuro océano
que es el universo.
Mas olvidamos
 que nuestro único propósito
es unirnos al Todo,
que es de estrellas
polvo.
Vivimos en sociedad,
eternamente
en un ciclo de reencarnación
que acabará
con nuestros soles apagados.
No hay sentido, no.
Nunca lo hubo.
Ni lo habrá.
Solo despedidas
y saludos,
por toda la eternidad.

BÁRBARA TIENE HAMBRE

La amplitud de sus curvas
ganó a la curvatura de su amplitud.
Cuando entraba en un restaurante
solía tener todos los ojos en ella.
Pero no miraba a nadie,
se sentaba sola.
Su mirada no conocía
tristeza,
sueño.
Preocupación.
Sus labios,
la verdad.
Y en su estómago
el hambre.
Sin embargo, ella buscaba
más

              y

              más.
Nunca era suficiente.
Tenía hambre de vida
y un vacío
que no sabía cómo llenar.
Tampoco sabía
qué le faltaba.
No sabía echar de menos.
No conocía la complejidad
de las emociones
que se pueden sentir.
Apenas había probado
bocado de la vida
y ya quería otra cosa,
ya tenía suficiente.

Salía del restaurante,
mareada,
con el estómago lleno
y el alma vacía.

La artista

Brillaba el corazón
frente a la bandera.
Pero no cantaba la soprano
a los pequeños bichos
de primera fila.
Volvía a su casa bailando
los ritmos de los obreros
de segunda fila.
Lloraba al llegar, pues no se verían nunca más.
Mañana tenía vuelo a Buenos Aires,
Miriñaque se alegraba por ella,
su cabeza estaba al alza.
Que la extrañaría,
decía.
Que escribiría,
prometía.
Que le iría bien,
creía.

EL ABRAZO VACÍO

Fragilidad maternal.
Las hortensias bajo el sol,
visitantes nocturnas
que no dejan estar a mis mañanas.
El rocío que busca
débilmente una llamada,
un instante del ayer
para aparecer y relajarse
como un colibrí a la campanilla.
Los pies descalzos
que aplastan mi verdad
sobre las palabras innombrables
que quedaron en el pasado.

Un abrazo vacío
que no llega a más.
La formalidad se estrella
contra los modales tradicionales.

El día solo tiene veinticuatro horas
y treinta son para ti.
Me visitas cada noche
suplicando los restos de mi amor,
huecos malformados que almacené
en una esquinita de mi alma.
Ya no tengo tiempo para ti,
no sé dividir los días,
los minutos pasan lentos
y los segundos me cercan,
me ahogan,
me sofocan.

Guardé mis abrazos
y ahora no los encuentro,
juegan al escondite con mi memoria.

Le agradecí al reloj
por no volver hacia atrás.

Ya no reconozco
la calidez del amor,
se vuelve difusa
con las imágenes del ayer.

OCHO

Las vistas desde el tejado no me dan miedo,
la altura de las pendientes recibe la lluvia,
pero a veces no sabe hacia dónde caer.

Su vista me aterra de forma visceral.
Me arranco los pelos de la cabeza
y las uñas se encierran en sí mismas,
formando una coraza de piel.

A veces llega tarde a las reuniones,
aunque solo se posa en la ramas genealógicas
de una vida de forma sanguínea y caduca.

Fui al médico para que me ate los intestinos,
pero aún se me escapan por las salidas.

Pienso en la humedad del tejado,
las gotas se entrecruzan con las lágrimas.

Creo firmemente que nada tiene sentido, que todo es en vano.
Ya no siento placer ni dolor, estoy aturdida,
                              [veo las cosas en la lejanía,
El tiempo parece dividido en partes,
                              [como las cintas de vídeo antiguas.
Son espectros de un ayer que no recuerdo,
                              [fantasmas que me persiguen y me pesan.
El cuerpo va inevitablemente hacia abajo,
                              [me pide que me vaya ya.
Mi hora parece cercana, pero aún respiro.
Hay una pesada carga sobre mí.
Me oprime el pecho.

Me tira hacia abajo.
Pide huir.
Suena fuerte,
        rebota en mi cabeza como gelatina.
Se esconde cuando no me veo.
No me distingo,
me ve mal.

El desierto tras el mar

Avistamientos inoportunos
alcanzan mi paciencia con el mundo.

Elucubraciones abisales
descubren mi ira
tras haberlas alumbrado
con las ideas de un futuro
apagado y sin sentido.

Buscaré la verdad tras el muro,
acecharé las sombras de un ayer
que aún no llega.

Mientras tanto,
me persiguen los recuerdos
del mañana en que tú te escapaste.
Aquel día aciago
luché por mis ayeres,
les concedí los más nobles honores
y,
aun así,
se marcharon de mí.
Tú los atrajiste
con tus premoniciones
por cumplir
y la miel de la derrota
en los labios.
Unos labios resecos
tras estar una eternidad
en el desierto del presente.

Y, aun así, armando recuerdos
de cosas por existir,
me dejé llevar por los ríos
de lágrimas casi opacas.
Me gusta poder ver más allá.
Pero no perdonar a los demás.

CUENTA ATRÁS

Fundirse en el ayer
me llevó a ahogarme en el ahora.
El mañana me atrapó en sus planes,
la cárcel de la rutina me ayuda.
Crezco hacia abajo
y busco estabilidad más arriba.
Cuento hasta seis
cuando me insisten en llamar
urgentemente por teléfono.
Analizo los planes de salida,
busco puertas y ventanas,
pero me pierdo atravesando muros.
Cubro los ojos cuando quiero aprender,
sentir la naturaleza.

ÍNDICE